BEI GRIN MACHT SICH IHR WISSEN BEZAHLT

- Wir veröffentlichen Ihre Hausarbeit, Bachelor- und Masterarbeit

- Ihr eigenes eBook und Buch - weltweit in allen wichtigen Shops

- Verdienen Sie an jedem Verkauf

Jetzt bei www.GRIN.com hochladen und kostenlos publizieren

WIN30 Oberflächen-Dummy. Oberflächen-Dummy für eine einfache Anwendung

Katharina Albrecht

Bibliografische Information der Deutschen Nationalbibliothek:

Die Deutsche Nationalbibliothek verzeichnet diese Publikation in der Deutschen Nationalbibliografie; detaillierte bibliografische Daten sind im Internet über http://dnb.d-nb.de abrufbar.

ISBN: 9783389087787
Dieses Buch ist auch als E-Book erhältlich.

Druck und Bindung: Books on Demand GmbH, Norderstedt Germany
Gedruckt auf säurefreiem Papier aus verantwortungsvollen Quellen

Das vorliegende Werk wurde sorgfältig erarbeitet. Dennoch übernehmen Autoren und Verlag für die Richtigkeit von Angaben, Hinweisen, Links und Ratschlägen sowie eventuelle Druckfehler keine Haftung.

Das Buch bei GRIN: https://www.grin.com/document/1517708

AKAD University

Modul: WIN30, Integrierte Projektwerkstatt

Studiengang: Wirtschaftsinformatik, Bachelor of Arts

Assignment

Oberflächen-Dummy für eine einfache Anwendung

Eingereicht am 06.08.2023

Inhaltsverzeichnis

Abbildungsverzeichnis

1 Einleitung

Im Zentrum dieser wissenschaftlichen Arbeit steht die Entwicklung einer Fitness-Tracking-App, die als Antwort auf den wachsenden Bedarf an individueller Gesundheitsüberwachung und -optimierung gestaltet wurde. Dabei werden neben den Hintergründen des Anforderungsmanagements und der Auswahl einer geeigneten Mockup-Webanwendung auch das Konzept und die Bestandteile der modellierten Dummy-Oberfläche eingehend erläutert.

1.1 Problemstellung und Zielsetzung

In dieser wissenschaftlichen Arbeit liegt der Fokus auf der Konzeption einer einfachen Online-Anwendung für ausgewählte Funktionsbereiche und der Erstellung eines zugehörigen Oberflächen-Dummys. Die Herausforderung besteht darin, die Vorgehensweise im Anforderungsmanagement transparent darzustellen und ein geeignetes Open-Source-Programm für die Mockup-Erstellung auszuwählen. Es wird untersucht, welche Funktionen relevant sind und wie diese in den Oberflächen-Dummy integriert werden können, wobei auch die Dokumentation der vorgeschlagenen Benutzeroberflächen inklusive Gestaltungsprinzipien und Funktionsweisen eine Rolle spielt.

Das übergeordnete Ziel dieser Arbeit ist die Entwicklung eines aussagekräftigen Oberflächen-Dummys für ausgewählte Funktionsbereiche einer simplen Online-Anwendung. Hierbei wird nicht nur eine umfassende Darstellung der Anforderungsmanagement-Methodik geboten, sondern auch eine begründete Auswahl einer geeigneten Web-Anwendung aus zwei Open-Source-Optionen. Die Entscheidung für das verwendete System wird dabei ausführlich erläutert. Im Rahmen der Arbeit werden die Funktionen festgelegt, die im Oberflächen-Dummy skizziert werden sollen, wobei der Fokus auf umfassender Dokumentation der Oberflächen-Konzepte liegt. Diese Arbeit vertieft das Verständnis für Anforderungsanalyse und Konzeption von Oberflächen-Dummys und demonstriert die praktische Umsetzung anhand eines realen Beispiels.

1.2 Aufbau

Die Arbeit behandelt das Anforderungsmanagement als systematischen Ansatz zur Spezifikation und Organisation von Anforderungen für maßgeschneiderte Lösungen. Es werden die Bedeutung des Anforderungsmanagement, die Unterscheidung zwischen funktionalen und nicht-funktionalen Anforderungen sowie relevante Begriffe wie Mockups, Wireframes und Web-Anwendungen erklärt.

Abschließend wird die konzeptionelle Umsetzung einer Fitness-Tracking-App durch die Auswahl des Tools für die Erstellung eines Oberflächen-Dummys beschrieben und die erstellten Oberflächen-Vorschläge detailliert dokumentiert.

2 Anforderungsmanagement

Anforderungsmanagement beschreibt „ [...] einen systematischen Ansatz zur Spezifikation und Organisation von Anforderungen".[1] Ziel ist es dabei, durch Definition genauer Anforderungen eine Lösung zu entwickeln, die möglichst passgenau die Ansprüche des Kunden erfüllt.[2]

Das Anforderungsmanagement lässt sich in folgende vier Haupttätigkeiten untergliedern: Ermitteln, Dokumentieren, Prüfen beziehungsweise Validieren von Anforderungen, sowie die Pflege und Verwaltung zugehöriger Dokumente und Datenbestände (siehe Abbildung 1). Diese Tätigkeiten werden dabei nicht einmalig und isoliert, sondern sich-wiederholend (iterativ) und aneinandergekoppelt ausgeführt.[3]

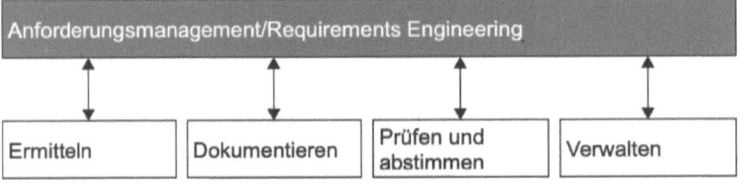

Abbildung 1: Bestandteile des Anforderungsmanagement, Quelle: Schuh et al, 2022, S. 251

Beim Ermitteln liegt der Fokus auf dem genauen Herausarbeiten der Anforderungen an das zu entwickelnde Produkt.[4] Dies kann unter anderem durch die Konsultation verschiedener Stakeholder geschehen, die aus ihren individuellen Standpunkten heraus die spezifischen Anforderungen definieren.[5] Die schriftliche Dokumentation der Anforderungen ist dabei zwingend notwendig, um das Wissen transparent und verfügbar zu machen und auch abwesenden Mitarbeitern den Zugriff darauf zu ermöglichen.[6]

---

[1] Schuh, Günther, Violett Zeller und Volker Stich: Digitalisierungs- und Informationsmanagement: Handbuch Produktion und Management 9, Berlin, Heidelberg 2022, S. 250
[2] Vgl. ebd.
[3] Vgl. ebd., S. 251
[4] Vgl. ebd.
[5] Vgl. Broy, Manfred, und Marco Kuhrmann: Einführung in die Softwaretechnik, Berlin 2021, S. 200
[6] Vgl. Grande, Marcus: 100 Minuten Für Anforderungsmanagement: Kompaktes Wissen nicht nur für Projektleiter und Entwickler, 2. Auflage, Wiesbaden 2014, S. 20

Zur Dokumentation ist der Einsatz verschiedener Dokumentationsmodelle und -sprachen möglich.

Die Prüfung und Abstimmung erfordern ebenfalls die Einbindung aller Stakeholder. In diesem Schritt werden die gesammelten Anforderungen gemeinsam evaluiert und final abgestimmt.[7]

Kontinuierlich im Prozess des Anforderungsmanagement muss die Pflege und Verwaltung der Anforderungen stattfinden, konkret bereits ab dem Moment, an dem sie erstmalig definiert wurden. Der Punkt "Pflege" umfasst das Ändern, Löschen und Hinzufügen von Daten. Im Gegensatz dazu fokussiert sich der Aspekt der Verwaltung auf eine korrekte Struktur, Nachverfolgbarkeit und Versionierung beim Anforderungsmanagement.[8]

Unzureichendes Anforderungsmanagement äußert sich durch fehlendes Wissen und mangelndes Verständnis, was zu unklaren Anforderungen führt. Dies kann Zeitverzögerungen, Kostenüberschreitungen und Qualitätsprobleme verursachen. Die resultierenden Produkte erfüllen womöglich nicht die gewünschten Ansprüche, was neben Unzufriedenheit zu hohen Kosten durch nachträgliche Korrekturen führen kann.[9]

2.1 Anforderungen

Eine Anforderung ist eine Bedingung oder Fähigkeit, die von einem Benutzer oder System benötigt wird, um ein Problem zu lösen oder ein Ziel zu erreichen.[10] Es kann sich um eine spezifische Funktion oder Verhaltensweise handeln, die das System erfüllen muss. Anforderungen können auch im Rahmen von Verträgen, Normen, Spezifikationen oder anderen formalen Dokumenten festgelegt werden, um die Erfüllung bestimmter Standards zu gewährleisten.

Bei Anforderungen handelt es sich entweder um Bedürfnisse von Stakeholdern, oder um eine Fähigkeit oder Eigenschaft, die ein System haben soll.[11]

---

[7] Vgl. Schuh, Günther, Violett Zeller und Volker Stich: Digitalisierungs- und Informationsmanagement: Handbuch Produktion und Management 9, Berlin, Heidelberg 2022, S. 251
[8] Vgl. Grande, Marcus: 100 Minuten Für Anforderungsmanagement: Kompaktes Wissen nicht nur für Projektleiter und Entwickler, 2. Auflage, Wiesbaden 2014, S. 102
[9] Vgl. ebd., S. 8-9
[10] Vgl. Herrmann, Andrea: Grundlagen der Anforderungsanalyse - Standardkonformes Requirements Engineering, Wiesbaden 2022, S. 3
[11] Vgl. ebd.

Dabei werden die Anforderungen generell unterteilt in funktionale und nicht-funktio-nale Anforderungen, welche in den folgenden Abschnitten genauer erläutert werden.[12] *Funktionale Anforderungen* beschreiben die Funktionalitäten und das Verhalten des Produktes, wie beispielsweise das Einschalten der Beleuchtung beim Drücken der Taste "Ein" oder die Berechnung der Mehrwertsteuer basierend auf dem eingegebenen Nettobetrag mit Anzeige der Ergebnisse.[13] Sie werden auch als Produktanforderungen bezeichnet, da sie die funktionalen Eigenschaften und Leistungen beschreiben, die das System oder Produkt erbringt.[14]

Nicht-funktionale Anforderungen, auch Qualitätsanforderungen genannt, ergänzen die funktionalen Anforderungen eines Systems. Sie beschreiben Aspekte wie Leistung, Nutzererfahrung und Entwicklungsbedingungen, die die Art der Funktionsbereitstel-lung beeinflussen. Diese Anforderungen lassen sich in Kategorien wie funktionsbezo-gene, nutzungsbezogene und entwicklungsbezogene Qualitätsanforderungen untertei-len.[15] Sie sind essenziell, um sicherzustellen, dass das System den Anforderungen hin-sichtlich Funktion, Performance und Benutzerfreundlichkeit gerecht wird, und können auch Anforderungen an Qualität und Randbedingungen einschließen.[16]

2.2 Attribute

Beim Abspeichern von Anforderungen in Dokumenten oder Anforderungsdatenban-ken ist es entscheidend, die Anforderungen eindeutig zu kennzeichnen, um eine klare Identifikation zu gewährleisten.[17] Diese Kennzeichnung erfolgt durch Attribute, die eine Vielzahl von unterschiedlichen Informationen zu den einzelnen Anforderungen enthalten. Dabei sind die Attribute „[...] Zusatzinformationen, die zur Dokumentation, Produktentwicklung und Verwaltung der Anforderungen notwendig sind."[18]

„Attribute dokumentieren Metainformationen zu Anforderungen, also Informationen über die Anforderungen, nicht deren Inhalt. Anforderungen beschreiben die

---

[12] Vgl. Grande, Marcus: 100 Minuten Für Anforderungsmanagement: Kompaktes Wissen nicht nur für Projektleiter und Entwickler, 2. Auflage, Wiesbaden 2014, S. 37
[13] Vgl. ebd.
[14] Vgl. Broy, Manfred, und Marco Kuhrmann: Einführung in die Softwaretechnik, Berlin 2021, S. 207
[15] Vgl. ebd.
[16] Vgl. Grande, Marcus: 100 Minuten Für Anforderungsmanagement: Kompaktes Wissen nicht nur für Projektleiter und Entwickler, 2. Auflage, Wiesbaden 2014, S. 37
[17] Vgl. ebd. , S. 39
[18] ebd. , S. 39

Eigenschaften des zu entwickelnden IT-Systems, die Attribute die Eigenschaften der Anforderungen." [19]

Angesichts der Tatsache, dass die sorgfältige Pflege aller Attribute für jede Anforderung in der Praxis sehr zeitaufwendig sein kann, ist es ratsam, die Attribute sparsam und bedacht einzusetzen.[20] Zum sinnvollen Anforderungsmanagement sollten jedoch folgende fünf Pflichtattribute für jede Anforderung angegeben werden: Identifikation, Name, Beschreibung, Status und Version (siehe Abbildung 2).[21]

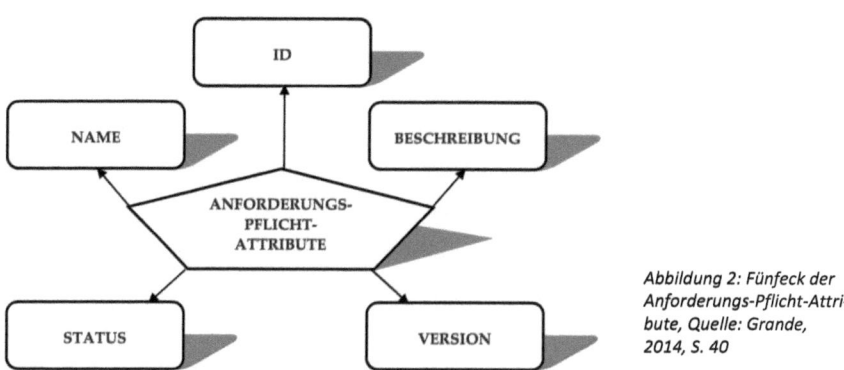

Abbildung 2: Fünfeck der Anforderungs-Pflicht-Attribute, Quelle: Grande, 2014, S. 40

Das wichtigste Attribut für jede Anforderung ist die eindeutige Identifikation, die in Form einer ausreichend langen Nummer oder Buchstabenkombination vergeben wird. Diese ID dient dazu, die Anforderungen klar voneinander zu unterscheiden und ermöglicht eine effiziente Verwaltung. Es ist entscheidend, dass die vergebene ID niemals gelöscht oder wiederverwendet wird, um Verwechslungen zu vermeiden und eine klare Zuordnung während des gesamten Anforderungslebens sicherzustellen.[22]

Jede Anforderung muss neben einer eindeutigen ID auch einen aussagekräftigen Namen erhalten, der mit dem Inhalt oder der Funktion der Anforderung in Verbindung steht. Dies ermöglicht eine einfache und sinnvolle Zuordnung bei einer großen Anzahl von Anforderungen und erleichtert ihre spätere Verwaltung.

---

[19] Herrmann, Andrea: Grundlagen der Anforderungsanalyse - Standardkonformes Requirements Engineering, Wiesbaden 2022, S. 256

[20] Vgl. Grande, Marcus: 100 Minuten Für Anforderungsmanagement: Kompaktes Wissen nicht nur für Projektleiter und Entwickler, 2. Auflage, Wiesbaden 2014, S. 39

[21] Vgl. ebd., S. 39-40

[22] Vgl. ebd., S. 41

Zu jeder Anforderung gehört zusätzlich eine Beschreibung, die in Form von Text, aussagekräftigen Bildern, Grafiken oder Hinweisen zur Funktionalität erfolgt, wobei die Verwendung von Diagrammen aus der Unified Modeling Language (UML) zur standardisierten Darstellung von Abläufen und Zuständen empfohlen wird.[23]

Das Attribut "Status" kann vielfältige Bedeutungen haben. Es kann anzeigen, ob die Anforderung mit dem Kunden oder der Entwicklung abgestimmt ist. Alternativ kann es den Umsetzungsstatus der Anforderung darstellen, also ob sie bereits umgesetzt wurde oder nicht. Die aktuelle Anforderungsstatus wird mithilfe einer Auswahl (Liste) im Statusattribut festgelegt.[24]

Das Attribut Version gibt an, auf welchem Stand sich die einzelnen Anforderungen befinden. Dabei ist „[...] die Version eine Bezeichnung, die mit Zahlen und Buchstaben gebildet werden kann."[25] Die Versionierung dokumentiert Unterschiede in der Anforderungsbeschreibung und ermöglicht die Nachverfolgung von Änderungen. Sie hilft zusätzlich, den Zusammenhang zwischen umgesetzten Anforderungen und Produktständen herzustellen und dient als Kennzahl zur Beurteilung der Stabilität einer Anforderung.[26]

2.3 Begriffsbestimmungen: Mockup, Wireframe, Web-Anwendung

In diesem Abschnitt werden zusätzliche Begriffe erläutert, die im Kontext des Anforderungsmanagement, sowie der Entwicklung des Oberflächen-Dummy relevant sind. *Mockups* sind eine Form von horizontalen Prototypen, die eine grafische Benutzeroberfläche verwenden, um das Erscheinungsbild einer Anwendung zu visualisieren.[27] Ein horizontaler Prototyp stellt viele oder alle Funktionalitäten auf der obersten technischen Schicht, meist der Benutzeroberfläche, dar und simuliert die dahinter liegende Funktionalität. Ein vertikaler Prototyp dagegen geht durch alle technischen Schichten

---

[23] Vgl. Grande, Marcus: 100 Minuten Für Anforderungsmanagement: Kompaktes Wissen nicht nur für Projektleiter und Entwickler, 2. Auflage, Wiesbaden 2014, S. 42
[24] Vgl. ebd.
[25] ebd.
[26] Vgl. ebd., S. 43
[27] Vgl. Herrmann, Andrea: Grundlagen der Anforderungsanalyse - Standardkonformes Requirements Engineering, Wiesbaden 2022, S. 197

und ermöglicht die Implementierung einzelner Funktionalitäten für technische Untersuchungen (siehe Abbildung 3).[28]

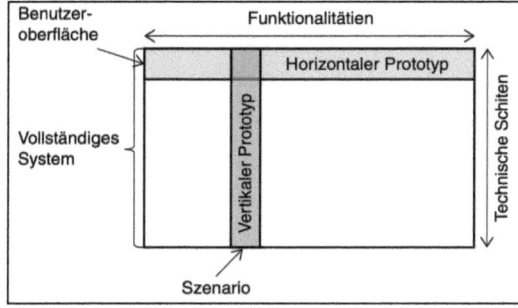

Abbildung 3: Abgrenzung horizontaler/vertikaler Prototyp, Quelle: Herrmann, 2022, S. 196

Zur Erstellung von Mockups können spezielle Programme verwendet werden. Im Vergleich zu allgemeinen Zeichenwerkzeugen bieten spezielle Mockup-Werkzeuge vorgefertigte Elemente von Benutzeroberflächen an, wie beispielsweise Eingabefelder und Buttons. Sie ermöglichen es Entwicklern und Designern, schnell und effektiv die Gestaltung und Funktionalität einer Anwendung zu demonstrieren, bevor sie in die eigentliche Entwicklung übergehen.[29] Um den agilen Planungsprozess nicht zu beeinträchtigen und die Aufmerksamkeit der Stakeholder nicht von wichtigen Aspekten abzulenken, wird bei Mockups bewusst wenig Fokus auf die ästhetische Gestaltung gelegt.[30] So werden beispielsweise häufig nur Grautöne für die Mockups verwendet, "[...] um Diskussionen über grafische Details gar nicht erst aufkommen [zu] lassen." [31]

Ein *Wireframe* ist eine Form der Low-Fidelity-Prototypen. Solche Prototypen sind eine „einfache und preiswerte Veranschaulichung eines Designs oder eines Begriffs".[32] Ein Wireframe-Tool hilft Entwicklern bei der Erstellung eines Mockups einer zu programmierenden Web-Anwendung. Dabei steht nicht das spätere optische

---

[28] Vgl. Herrmann, Andrea: Grundlagen der Anforderungsanalyse - Standardkonformes Requirements Engineering, Wiesbaden 2022, S. 197
[29] Vgl. ebd.
[30] Vgl. Beneken, Gerd, Felix Hummel und Martin Kucich: Grundkurs agiles Software-Engineering: Ein Handbuch für Studium und Praxis, Wiesbaden 2023, S. 469
[31] ebd.
[32] Herrmann, Andrea: Grundlagen der Anforderungsanalyse - Standardkonformes Requirements Engineering, Wiesbaden 2022, S. 198

Erscheinungsbild der App im Vordergrund, sondern das Ziel, „den Ablauf des Dialogs zwischen Benutzer und Produkt zu entwerfen und [zu] verbessern".[33]

Die Gestaltung erfolgt dabei mit Zeichenwerkzeugen, sogenannten Wireframe-Tools. Diese bieten häufig Container für verschiedene Endgeräte wie Browser-Fenster, Tablets und Smartphones und ermöglichen so die Erstellung von Mockups für diverse Anwendungen. Zusätzlich verfügen sie oft über eine Bibliothek an verschiedenen Elementen, um die Oberfläche des Mockups grafisch zu gestalten.[34]

Web-Anwendungen ermöglichen die Ausführung der Anwendung auf einem zentralen Web-Server, während die Bedienung über einen Web-Browser erfolgt. Der große Vorteil besteht darin, dass sie plattformunabhängig ausführbar sind und auf jedem Endgerät mit einem Web-Browser genutzt werden können. Es ist keine zusätzliche Softwareinstallation erforderlich.[35]

Durch die „enorme [...] Verbreitung breitbandiger Internet-Anschlüsse"[36] und den Vorteil, „[...] dass die Anwendungen in der Regel auf jedem Endgerät laufen können, auf dem ein Web-Browser läuft [...]"[37] erfreuen sich Web-Anwendungen hoher Beliebtheit.

Zudem bieten sie ein Alternative zur Entwicklung von nativen Apps für mobile Geräte, da sie unabhängig von reglementierten App-Stores verteilt werden können.[38]

3 Auswahl des Tools

Nach meiner Recherche kamen sowohl Moqup (https://app.moqups.com) als auch Lucidchart (https://lucid.app) in meine engere Auswahl zur Entwicklung des Oberflächen-Mockups. Beide Tools bieten unterschiedliche Funktionen und Vorzüge, die es zu berücksichtigen galt. Im Folgenden werde ich die Argumente abwägen und darlegen, warum Moqup letztendlich als bevorzugte Option hervorging.

---

[33] Beneken, Gerd, Felix Hummel und Martin Kucich: Grundkurs agiles Software-Engineering: Ein Handbuch für Studium und Praxis, Wiesbaden 2023, S. 469
[34] Vgl. Beneken, Gerd, Felix Hummel und Martin Kucich: Grundkurs agiles Software-Engineering: Ein Handbuch für Studium und Praxis, Wiesbaden 2023, S. 469
[35] Vgl. Brauer, Johannes: Grundkurs Smalltalk - Objektorierung von Anfang an, Eine Einführung in die Programmierung, Wiesbaden 2014, S. 329
[36] ebd.
[37] ebd.
[38] Vgl. ebd.

Für das Online-Tool Moqup sprechen einige Eigenschaften. Es bietet eine sehr umfangreiche Auswahl an Elementen, die speziell zur Gestaltung von Oberflächen entwickelt wurden. Diese Vielfalt ermöglicht es, ansprechende und umfassende Entwürfe zu erstellen. Darüber hinaus ist die Basisversion von Moqup zeitlich unbegrenzt kostenfrei nutzbar, wodurch sich eine umfassende Nutzung ermöglichte. Die intuitive Bedienung des Tools erleichtert den Einstieg und ermöglicht eine einfache Anpassung der verwendeten Elemente.

Moqup ist in verschiedenen Browsern nutzbar und plattformübergreifend kompatibel, sodass es sowohl auf iOS, Android, Web, MacOs als auch auf Windows verwendet werden kann. Dies bietet eine hohe Flexibilität bei der Arbeit auf verschiedenen Geräten. Ein zusätzlicher Vorteil besteht in der mühelosen und kostenfreien Exportmöglichkeit der entworfenen Mockup-Dateien, wodurch das Speichern und die Verwendung der erstellten Entwürfe erleichtert werden.

Demgegenüber steht das Tool Lucidchart mit einer ebenfalls leicht verständlichen Oberfläche, sowie der zusätzlichen Möglichkeit, verschiedene Versionen des Projektes zu speichern. Allerdings hat es im Vergleich zu Moqup eine limitierte Auswahl an Oberflächen-Elementen und weniger spezifische Funktionen für Mockups. Beide Tools sind nicht offline verfügbar und haben keine Desktop-Versionen zum Download.

Insgesamt überzeugt Moqup durch seine vielfältige Auswahl an Elementen, die dauerhaft kostenfreie Basisversion, die intuitive Bedienung und die plattformübergreifende Kompatibilität. Die Kombination dieser Vorteile führte dazu, dass die Entscheidung schlussendlich zum Online-Tool Moqup führte.

4 Erstellung des Mockups

Dieser Abschnitt der Arbeit beleuchtet den Erstellungsprozess des Mockups. Zunächst wird die Entscheidung für die Entwicklung einer Fitness-Tracking-App als Anwendungsart begründet. Im nächsten Schritt erfolgen eine umfassende Dokumentation und detaillierte Erläuterung der konzipierten Oberflächen-Vorschläge für die App. Dabei werden die Funktionen und Elemente auf den verschiedenen Screens des Oberflächen-Dummys eingehend beschrieben.

4.1 Auswahl der Anwendung

Im Rahmen der gestellten Aufgabe zur Konzeption einer Anwendung habe ich mich dafür entschieden, eine Fitness-Tracking-App zu entwickeln. Diese Entscheidung basiert auf dem Bedürfnis vieler Menschen, ihre sportlichen Aktivitäten zu überwachen und ihre Fortschritte zu verfolgen. Dabei greift die Anwendung den Trend der Selbstoptimierung auf, indem sie ein effektives und zielförderndes Training vereinfacht.

Eine Kernfunktion ist dabei das Hinterlegen und spätere Auswerten von Trainingsergebnissen verschiedener Übungen. Hierdurch bietet die Fitness-Tracking-App einen hohen Grad an Personalisierung und eröffnet so interessante Einblicke und Analysemöglichkeiten. Dies kann beim Nutzer zu einer erhöhten Trainingsmotivation führen. Insgesamt ist eine solche Fitness-Tracking-App eine sehr individualisierbare Lösung, die den Anwender in den Mittelpunkt stellt und einen hohen Mehrwert im Alltag bieten kann.

4.2 Erläuterung der Ausschnitte des Oberflächen-Dummy

In dieser Arbeit wurde ein Oberflächen-Dummy für Ausschnitte einer Fitnesstracker-App modelliert. Diese App soll dem Nutzer die Möglichkeit bieten, verschiedene Arten von Fitness-Übungen zu hinterlegen. Dabei hat der Anwender je nach Übung die Möglichkeit, Schlüsselwerte wie die Anzahl der absolvierten Sätze, Wiederholungen oder die Höhe des Trainingsgewichtes zu hinterlegen. So ergeben sich aus den Eingaben nach regelmäßigem Protokollieren der Trainings individuelle Statistiken. Diese können dem Sportler dabei helfen, seine Leistungen zu verbessern und den Überblick über seine Fitnesseinheiten zu behalten.

Da es sich bei der Anwendung um eine Smartphone-App handelt, wurden die Icons und Oberflächen-Elemente in einem Container positioniert, der einen Smartphone-Bildschirm andeutet. Im Folgenden sind drei Ansichten der Applikation dargestellt.

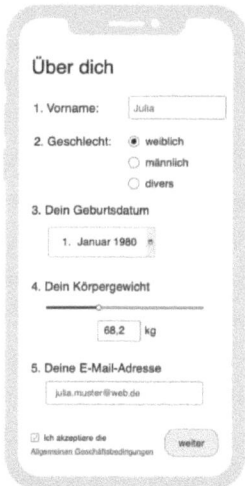
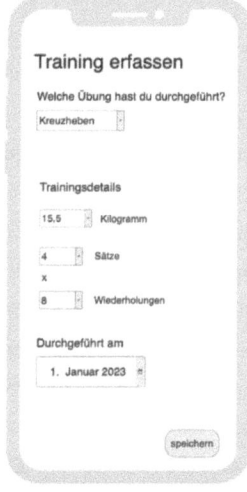

Abbildung 4: Dummy-Screen „Über dich" (eigener Entwurf)

Abbildung 5: Dummy-Screen „Training erfassen" (eigener Entwurf)

Abbildung 6: Dummy-Screen „Dein Fortschritt" (eigener Entwurf)

Vor Beginn der Nutzung der App wird der Benutzer gebeten, auf der Registrierungs-seite (siehe Abbildung 4) wichtige persönliche Informationen einzutragen. Hierbei wird er aufgefordert, seinen Vornamen anzugeben, um im weiteren Verlauf persönlich angesprochen werden zu können.

Anschließend kann das Geschlecht ausgewählt werden, wobei die Optionen "männlich", "weiblich" oder "divers" zur Verfügung stehen, um eine geschlechtsspezifische Anpassung der App-Inhalte zu ermöglichen.

Für die Bestimmung des Alters wird das Geburtsdatum abgefragt, welches in einem Auswahl-Menü in einheitlichem Format bestimmt werden kann. Dadurch können gegebenenfalls altersbezogene Inhalte oder Einschränkungen angewendet werden.

Anschließend wird der Benutzer aufgefordert, sein Körpergewicht anzugeben. Zur einfachen Auswahl des richtigen Gewichtes könnte beispielsweise ein Schieberegler verwendet werden, wie in der modellierten Oberfläche angedeutet wurde. Diese

Information kann für die Anpassung von Trainingsplänen oder die Berechnung von Fitnesszielen nützlich sein.

Zur Identifizierung des Benutzers und für die weitere Kommunikation wird auch die E-Mail-Adresse abgefragt, welche in ein Eingabefeld eingetragen wird. Danach wird der Anwender gebeten, durch setzen eines Häkchens die Allgemeinen Geschäftsbedingungen zu akzeptieren. Zuletzt ermöglicht ein Weiter-Button den Abschluss des Registrierungsprozesses.

Die Eingabemaske zum Hinterlegen neuer Trainingseinheiten befindet sich auf dem Screen dem Titel „Training erfassen" (siehe Abbildung 5). Hier hat der Nutzer die Möglichkeit, die Ergebnisse der aktuellen Trainingseinheit zu speichern. In einem Drop-Down-Menü wählt er dabei den Namen der Übung aus, die er absolviert hat. Es folgt die Möglichkeit, in weiteren Drop-Down-Menüs die erreichten Werte zu selektieren. Diese können nach Art der Übung variieren. In der Beispiel-Oberfläche wurde die Übung „Kreuzheben" ausgewählt. Wichtige Parameter für diese Trainingseinheit sind das gehobene Gewicht, sowie die durchgeführten Sätze und Wiederholungen.

Bevor die Werte gespeichert werden, trägt der Nutzer das Datum der Durchführung des Trainings ein. Dies sorgt später für eine bessere Nachvollziehbarkeit der Fortschritte und kann bei der Organisation zukünftiger Trainings hilfreich sein. Dabei ist standardmäßig das jeweils aktuelle Datum ausgewählt, da davon ausgegangen wird, dass die App parallel zum Training genutzt wird. Zusätzlich wird auch die Möglichkeit geboten, Werte aus der Vergangenheit nachträglich zu hinterlegen.

Um die gespeicherten Trainingsergebnisse auszuwerten und die Anwendung in ihrem Nutzen zu steigern, bietet die Applikation die Möglichkeit, die hinterlegten Trainingsdaten auszuwerten. Zu diesem Zweck bietet der Screen mit dem Titel „Dein Fortschritt" (Abbildung 6) die Möglichkeit, den Fortschritt des Nutzers grafisch aufzubereiten. Dabei hat der Anwender die Möglichkeit, für die Analyse eine bestimmte Übung aus dem oberen Drop-Down-Menü auszuwählen, im dargestellten Beispiel das Kreuzheben. Anschließend wird der auszuwertende Trainingszeitraum selektiert. Neben dem aktuellen Jahr könnten beispielsweise alle Werte seit Beginn der App-Nutzung angezeigt werden. Um dem Benutzer eine anschauliche Darstellung der Eingaben zu bieten, erfolgt die visuelle Aufbereitung des Fortschritts durch ein einfaches Liniendiagramm. Diese Darstellungsmöglichkeit fördert nicht nur das Verständnis der eigenen Leistungsentwicklung, sondern dient auch als Motivationsinstrument. Benutzer können ihre Erfolge besser nachverfolgen und sich von ihren eigenen Verbesserungen bestärken lassen. Diese Funktion der App steigert ihren Wert erheblich, indem sie den Nutzern wichtige Einblicke in ihren Fortschritt und ihre Trainingsergebnisse bietet.

Im unteren Bereich der Seite hat der Anwender die Möglichkeit, entweder ein neues Training zu hinterlegen, sich die Werte als Liste ausgeben zu lassen oder zurück in das vorherige Benutzermenü zu steuern. Das Ausgeben der Werte als Liste kann mehr Details offenbaren, die im Liniendiagramm zugunsten einer höheren Übersichtlichkeit und einfacheren Interpretation nicht angezeigt werden. Dazu gehören beispielsweise genaue Gewichtsangaben oder alle Trainingstage.

Insgesamt bietet die modellierte Fitnesstracker-App eine sinnvolle Lösung, die es den Anwendern ermöglicht, ihre Fitnessziele effektiv zu verfolgen und ihren Trainingsfortschritt transparent und einfach dazustellen.

5 Zusammenfassung und kritische Reflexion

Abschließend betrachtet dieser Abschnitt zusammenfassend die behandelten Themenbereiche der wissenschaftlichen Arbeit. Es erfolgt zusätzlich eine kritische Reflexion, die sowohl die Stärken als auch die möglichen Weiterentwicklungsmöglichkeiten der vorliegenden Arbeit beleuchtet.

5.1 Zusammenfassung

Die vorliegende Arbeit behandelte das Anforderungsmanagement, die Konzeption einer Fitness-Tracking-App und der Erstellung der entsprechenden Oberflächen-Mockups.

Das Anforderungsmanagement wird als strukturierter Ansatz zur Erfassung, Dokumentation und Abstimmung von Anforderungen erläutert, um eine gelungene Lösung zu entwickeln. Dabei werden funktionale und nicht-funktionale Anforderungen berücksichtigt.

Für die Erstellung von Oberflächen-Mockups wurden die Tools Moqup und Lucidchart eingehender miteinander verglichen, wobei Moqup unter anderem aufgrund seiner umfangreichen Elementauswahl und intuitiven Bedienung bevorzugt wurde. Die konzipierte Fitness-Tracking-App ermöglicht das Erfassen und Auswerten von Trainingseinheiten verschiedener Übungen, was den Nutzern personalisierte Einblicke bietet und die Motivation fördert.

5.2 Kritische Reflexion

Die Arbeit liefert eine fundierte und detaillierte Auseinandersetzung mit dem Anforderungsmanagement und der Erstellung von Oberflächen-Dummys für Web-Anwendungen. Die Wahl des Tools Moqup wurde passend zur Zielsetzung der Arbeit begründet.

Die Entscheidung zur Fitness-Tracking-App als Anwendung ist nachvollziehbar und aktuell, da der Trend zur Gesundheits- und Fitnessüberwachung in der Gesellschaft eine große Rolle spielt. Die vorgestellten Oberflächen-Vorschläge bieten eine sinnvolle Gestaltung mit hilfreichen Funktionen. Dabei wurde bestmöglich auf die Einhaltung der Grundsätze zur Gestaltung von Mockups geachtet.

Die Arbeit könnte durch eine umfassendere Auseinandersetzung mit potenziellen Alternativen für das ausgewählte Tool und eine verstärkte Hervorhebung der Begrenzungen des gewählten Programms weiter optimiert werden. Auch könnten weitere Ansichten und Funktionen für den Oberflächen-Dummy gestaltet und erläutert werden. Auf beides wurde verzichtet, um den vorgegebenen Umfang der wissenschaftlichen Arbeit einzuhalten und die ausgewählten Funktionen ausreichend detailliert zu erläutern.

Literaturverzeichnis

Beneken, Gerd, Felix Hummel und Martin Kucich: Grundkurs agiles Software-Engineering: Ein Handbuch für Studium und Praxis, Springer-Vieweg, Wiesbaden 2023

Brauer, Johannes: Grundkurs Smalltalk - Objektorientierung von Anfang an, Eine Einführung in die Programmierung, Springer-Vieweg, Wiesbaden 2014

Broy, Manfred, und Marco Kuhrmann: Einführung in die Softwaretechnik, Springer-Vieweg, Berlin 2021

Grande, Marcus: 100 Minuten Für Anforderungsmanagement: Kompaktes Wissen nicht nur für Projektleiter und Entwickler, 2. Auflage, Springer-Vieweg, Wiesbaden 2014

Herrmann, Andrea: Grundlagen der Anforderungsanalyse – Standardkonformes Requirements Engineering, Springer-Vieweg, Wiesbaden 2022

Schuh, Günther, Violett Zeller und Volker Stich: Digitalisierungs- und Informations-management: Handbuch Produktion und Management 9, Springer-Vieweg, Berlin, Heidelberg 2022

Anhang

Im Anhang befinden sich die drei Bildschirmaufnahmen des modellierten Oberflächen-Dummy in größerem Format zur besseren Nachvollziehbarkeit.

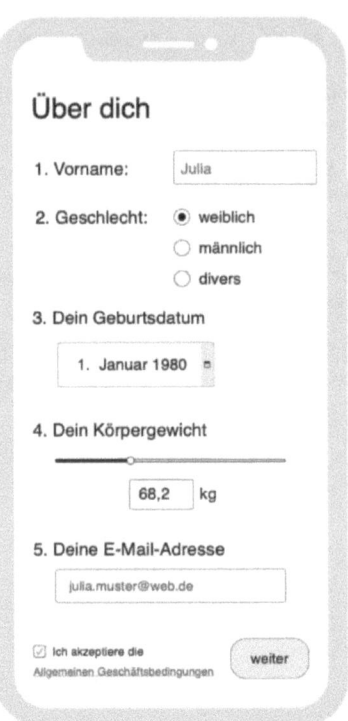

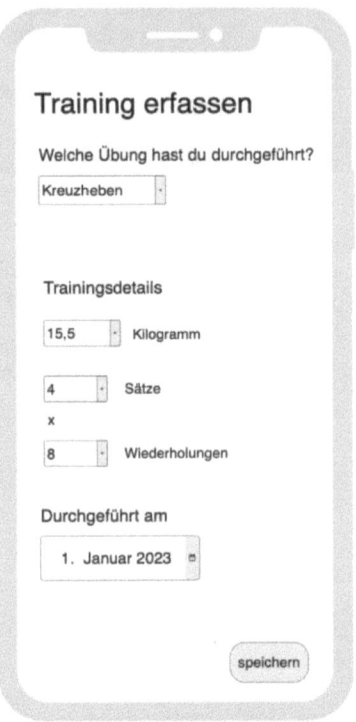

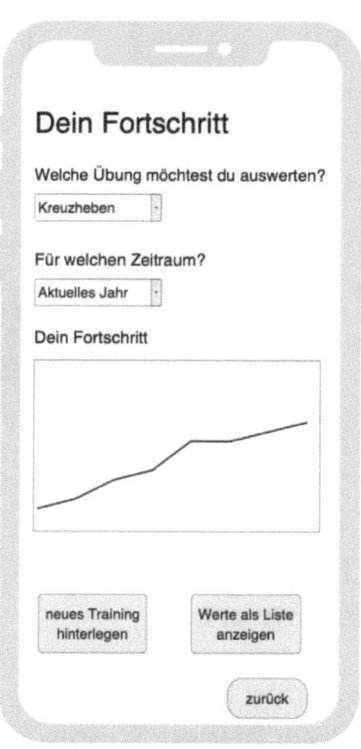